जज़्बा

कुछ करने का

AF102632

युसरा फातमा (रूशी)

Copyright © Yusra Fatma(Rushi)
All Rights Reserved.

ISBN 978-1-64650-148-9

This book has been published with all efforts taken to make the material error-free after the consent of the author. However, the author and the publisher do not assume and hereby disclaim any liability to any party for any loss, damage, or disruption caused by errors or omissions, whether such errors or omissions result from negligence, accident, or any other cause.

While every effort has been made to avoid any mistake or omission, this publication is being sold on the condition and understanding that neither the author nor the publishers or printers would be liable in any manner to any person by reason of any mistake or omission in this publication or for any action taken or omitted to be taken or advice rendered or accepted on the basis of this work. For any defect in printing or binding the publishers will be liable only to replace the defective copy by another copy of this work then available.

इस लघु काव्य - पुस्तिका के निर्माण में मैं अपने सम्पूर्ण परिवार के प्रति आभार व्यक्त करती हूँ, और विशेष रूप से मैं अपनी माँ अरशिया फ़ातमा का आभार व्यक्त करती हूँ जो एक गृहिणी की भूमिका निभाते हुए भी मुझे हमेशा काव्य रचना लिए प्रेरित करती रहीं। तदोपरांत मैं आभार व्यक्त करना चाहती हूँ अपने विद्यालय आर.एम पब्लिक स्कूल के निदेशक महोदय इंजीनियर विकास सिंह का जिन्होंने कुशल शिक्षकों के सान्निध्य में मुझे शिक्षा - ग्रहण करने का अवसर दिया साथ ही मैं आभार व्यक्त करती हूँ अपने हिन्दी शिक्षक श्री अनिल कुमार मिश्र, श्री अरुण कुमार मिश्र एवं श्री अनूप कुमार उपाध्याय का जिन्होंने नव - सूजन में मुझे सदैव प्रेरित किया।

क्रम-सूची

प्रस्तावना	vii
भूमिका	ix
पावती (स्वीकृति)	xi
आमुख	xiii
1. वो एक पल	1
2. तू है वही समाँ।	3
3. कुछ समझ में नहीं आ रहा है	4
4. बेटों से ज़्यादा कर जाऊँगी	6
5. तुम हो कहाँ माँ	8
6. जीवन का सपना	9
7. इंसान हो तो इंसानियत सीखो	10
8. अब न सहूँगी	12
9. तुझे तेरा हाल ख़ुद बताना पड़ेगा	14
10. माँ	15
11. मुझसे हो गई ख़ता	16
12. अनोखा तरीका	18
13. वो आसमान ही रह गया।	19
14. कामयाबी का रास्ता	21
15. अब तो सिखो ग़लतियों से	22
16. कुछ लोग	24
17. कौन अपना है कौन पराया	25
18. दुनियाँ	26

• v •

क्रम-सूची

19. यही उम्र है संभल जाओ	27
20. ख़्वाबों का महल	29
21. बेटियाँ	31
22. फूल से रिश्ते	33
23. कल	34
24. माँ - बाप का रिश्ता है सबसे परे	35
25. पेड़ हैं तो हम हैं	36
26. खुशियाँ	37
27. हार को हराओ	38

प्रस्तावना

युसरा फ़ातमा नौवीं कक्षा की छात्रा होकर अपनी कलम विभिन्न उपस्थित परिस्थितियों पर काव्य - दूत के माध्यम से जो समाज का ध्यान आकृष्ट कराया है, वाकई क़ाबिले तारीफ़। मेरी शुभ कामना है कि उसकी कोशिश जो अभी शुरू हुई है, मंज़िल तक ज़रूर पहुँचे। ध्यान रहे - " इस पथ का उद्देश्य नहीं हो शांत भवन में ठीक रहना, बल्कि पहुँचना उस सिमा पर जिसके आगे राह नहीं हो। " मैं पुनः धन्यवाद झापित करते हुए कहना चाहता हूँ कि इस लघु काव्य पुस्तिका के द्वारा नवोदित कवियत्री अपने लक्ष्य को हासिल करनें में सफ़ल हों।

भूमिका

आज सम्पूर्ण संसार वितृष्णा की ज़िन्दगी जीने को मजबूर है, प्रेम, सौहार्द, बन्धुत्व व आपसी मेल - मिलाप नगण्य हो गये हैं, रिश्तों पर भौतिकवाद प्रभावी हो गया है, ऐसे में इस लघु काव्य - पुस्तिका को आप सबों के समक्ष प्रस्तुत कर रिश्तों में पुनः मिठास लाने का प्रयास हूँ। संसार में कुछ हसरतें अधूरी रह जाती हैं जिसे पाने के लिए वह अनुचत कदम उठाने को भी तैयार हो जाता है, लेकिन मेरी कविता उन्हें परिस्थितियों से समझौता करने की भी आग्रह करती हैं। सर्वविदित है, इंसान की कुछ आरज़ूएँ अधूरी रह जाती हैं जिसके लिए अफ़सोस करना उचित नहीं है, बल्कि एक और प्रयास श्रेष्ठतर है।

पावती (स्वीकृति)

इस लघु काव्य - पुस्तिका के निर्माण में जिन सुहृदजनों का, परिस्थितियों एवं गुरुवरों का स्नेह, आशीर्वाद प्राप्त हुआ, उन्हें मेरा शत - शत नमन।

आपसबों का इस काव्य पुस्तिका को पढ़ने के बाद आशीर्वाद प्राप्त हो, इसी प्रतिक्षा में।

   - युसरा फ़ातमा

आमुख

आज सम्पूर्ण विश्व साम्प्रदायिक झगड़ों, आपसी वैमनस्य, धोखा - फ़रेब एवं माँ - बाप के प्रति अपने कर्तव्यों को भूलता जा रहा है, ऐसे में आवयश्कता है लेखनी को इस ओर नज़र डालने की। मेरी एक छोटी सी कोशिश है इस लघु काव्य - पुस्तिका के माध्यम से आज के सामाजिक ताप को कम करने का। ये कविता आपको तब अधिक सकुन देगी जब लगे कि इस संसार में प्रेम एवं सौहार्द के लिए कुछ भी नहीं बचा है।

मैं इस काव्य - पुस्तिका के माध्यम से आपके ग़म, प्यार, सौहार्द, एवं अन्तर्मन के साथ जुड़ने का प्रयास कर रही हूँ, साथ ही आकांक्षी हूँ आपके स्नेह एवं प्यार की। मुझे विश्वास है इस लघु काव्य - पुस्तिका को पढ़ने के बाद आप अपने स्नेह की छाया से वंचित नहीं करेंगे।

यह मेरे लेखनी से निकली प्रथम लघु - काव्य पुस्तिका है, इसलिए गलतियाँ स्वाभाविक हैं, कृपया अगले प्रकाशन में अशुद्धियाँ न हो सके इस हेतु सुझाव देने का कष्ट करेंगे। अंत में मैं इस प्रयास के लिए अपने पुरे परिवार, अपने विद्यालय के निदेशक महोदय एवं अपने विद्यालय के सभी शिक्षकों का आभार व्यक्त करती हूँ, जिनकी प्रेरणा ने मुझे इस लायक बनाया और अपनी आशीषों की छाया में रहने का सुअवसर प्रदान किया।

शुभेच्छु
-युसरा फ़ातमा

1. वो एक पल

एक पल कुछ ऐसा हुआ जिसे लफ़्ज़ों में बयान नहीं कर सकती;
जोश बढ़ गए मेरे, हौसलों में तबदीली आ गई।
डरती थी अंजाम से आग़ाज़ को देख कर,
आग़ाज़ बुरा था बहुत मगर अंजाम में तबदीली आ गई।
यादों की विरान गली में वो अंधेरा साया,
वो लडखड़ाते ख़्वाबों का छोटा सा कारवाँ,
सोचना तक नहीं चाहती थी उस आग़ाज़ के बारे में,
पर ज़िन्दगी की यही सच्चाई है मेरे दोस्त;
पीछा चाह कर के भी छुड़ा नहीं सकते।
याद आता है वो पल तो रो देते हैं हम;
वो कुछ पाने की चाहत, पर खोने का डर।
वो दिन जब आँख से आँसूं बारिश की तरह बरसते थे;
पर वो हौसला था मेरा,
जिन्होंने आँख को सीप बना कर आँसुओं को मोती की शक्ल दे दी।
खुद को देख कर उस वक्त ख़ुद की पहचान बनाने का हौसला जागा;
वरना गोताख़ोर बनकर भी उस मोती को पा नहीं पाती।
वो सहमीसी सी ख़ुशी आज उछल रही है,
वो चीख़ते डर आज सहम गए हैं।

वो आग़ाज़ का एक पल ही काफ़ी था मुझे हराने हराने को मगर,
आज मैं कहती हूँ कि मैंने जित लिया वही एक पल।

2. तू है वही समाँ।

जानूँ न मैं तुझसे मेरा रिश्ता है क्या।
ऐ समाँ अपना मुझे तू लगा।
देख कर तुझे सकुन जो आज मुझे है मिला;
न जाने सदियों से वो कहाँ था छुपा।
तुझे देख कर जो मुस्कुराहट है आई मुझे;
न जाने सदियों से वो भी कहाँ थी छुपी।
देख कर तुझे सपनों में सोचती थी मैं;
जाऊँगी क्या कभी ऐसी जगह?
देख कर तुझे आज ऐसा लगा;
आ गई हुँ वहाँ, सपनों में खोई थी जहाँ।
जिसकी चाहत मुझे बरसों से थी,
जिसके सपनें मैं रोज़ देखती थी,
तुझे देख कर आज ऐसा लगा;
तू है वही समाँ, तू है वही समाँ।

3. कुछ समझ में नहीं आ रहा है

ज़िन्दगी का इम्तेहान करीब आ रहा है;
क्या करूँ कुछ समझ में नहीं आ रहा है।
किस्मत के भरोसे बैठ जाऊँ,
या अपना किस्मत खुद लिखुँ;
कुछ समझ में नहीं आ रहा है।
ज़िन्दगी में किए हैं कई फ़ैसले मैंने,
उनकी अच्छाईयाँ गिनूँ या बुराईयां;
कुछ समझ में नहीं आ रहा है।
कुछ फ़ैसले गलत हुए,
उनकी वजह से फ़ैसले लेना बंद कर दूँ;
या उन से सबक सीख कर नया फ़ैसला लुँ;
कुछ समझ में नहीं आ रहा है।
कुछ समझ में नहीं आ रहा है कि,
दूसरों का इतिहास लिखुँ या खुद इतिहास बन जाऊँ;
कुछ समझ में नहीं आ रहा है।
ऐसा क्या करूँ क्या न करूँ कि;
मैं भीड़ में न जाऊँ,

युसरा फातमा (रूशी)

बल्कि, जहाँ मैं रहूँ वहाँ भीड़ आये।
ये मुझे क्या हो गया है,
कुछ समझ में नहीं आ रहा है।
ज़िन्दगी का इम्तेहान करीब आ रहा है;
क्या करूँ कुछ समझ में नहीं आ रहा है।

4. बेटों से ज़्यादा कर जाऊँगी

हाँ मैं बेटी हूँ! तो क्या मेरा कोई सपना नहीं,
दुनिया में आने से पहले ही समाज के सिद्धान्तों से लड़ती हूँ,
दूसरों का अस्तित्व बचने के लिए खुद का बलिदान देती हूँ,
क्यों फिर भी तुमको मेरी पहचान नहीं है ?
क्या फ़ायदा ऐसे सिद्धांतों का;
चाहे हम कुछ भी कर लें क्यों हमारा कोई मान नहीं है।
आ जाऊँ इस दुनिया में तो भी कोई सम्मान नहीं है।
क्यों चाहे बेटे कुछ भी हों उनकी ही शान है,
हम पर भरोसा कर के देखो,
हम उनसे भी महान हैं।
बेटी होने के कारण माँ से उसका कोख न छिनो,
बेटी होने के कारण आँगन से किलकारी न छिनो।
क्यों ये दुनिया सोचती है, बेटियों को ही सहना है।
क्यों चाहे हम कुछ भी कर ले,
हमें डर कर के ही रहना है।
गलती हो या न हो हमारी,
क्यों सजा हम्हीं को मिलती है।
सबकी इज़्ज़ज़त कर के भी,

युसरा फातमा (रूशी)

बदनामी हम्हीं को मिलती है।
जब बेटे साथ न देते हैं,
तो आशा हम्हीं से होती है।
एक बार भरोसा कर के देखो,
उम्मीद से ज़ादा कर जाऊंगी।
हाँ मैं बेटी हूँ! पर बेटों से ज़ादा कर जाऊंगी।

5. तुम हो कहाँ माँ

जब भी लोगों के भीड़ को देखती हूँ मैं,
उसमें तुमको ही ढूँढती रहती हूँ माँ।
सबको देख कर यही सोचती रहती हूँ,
इसमें तुम हो कहाँ, इसमें तुम हो कहाँ।
शाम हो, सहर हो या हो चाँद की चाँदनी,
इनमे तुमको ही खोजती रहती हूँ माँ।
ईद हो या हो जशन दिवाली का,
सब तुमको ही मानती मनाती हूँ माँ।
दुआ रही मेरी हमेशा खुदा से कि,
मुझे भी कोई बेटी कह के पुकारे,
बुलाए प्यार से मुझको कोई;
चुमे मेरे भी कोई सर को।
बनूँ मैं भी किसी के आँखों की तारा,
किसी की तो खुशियाँ मुझमें समाये।
मुझे निंद अब नहीं आती है माँ,
तुम्हारी है आदत नहीं जाती है माँ।
कब तक रहोगी तुम मुझसे ख़फ़ा,
मुझे तो पता ही नहीं है मेरी ख़ता।
तुम हो कहाँ माँ, तुम हो कहाँ।

6. जीवन का सपना

हँसना क्या है मैंने तो सीखा ही नहीं;
ज़िन्दगी की मेरी यही है आख़री कमी।
अब मैं भी हँसना चाहती हूँ;
जीवन में कुछ करना चाहती हूँ।
अब तक तो लोगों ने सुना है मेरा नाम;
अब उस नाम की पहचान बनाना चाहती हूँ।
सब कुछ कर के कुछ न करना, है मूर्खों की मान;
कुछ न कर के सब कुछ करना, है बुद्धि की पहचान।
सब का जीवन खुशियों से हरा - भरा होगा;
यही उद्दयेश्य मेरे जीवन का होगा।
सब के चहरे पर होगी मुस्कान;
कोई नहीं होगा परेशान।
कुछ करने की ठानी मैंने;
कुछ करने की मानी मैंने।
कुछ किये बिना न बैठूँगी,
कुछ न कुछ तो कर जाऊँगी;
कुछ न कुछ तो बन जाऊँगी।
कुछ ऐसा मैं कर जाऊँगी;
कुछ ऐसा मैं बन जाऊँगी;
याद सदा मैं रह जाऊँगी

7. इंसान हो तो इंसानियत सीखो

न कोई साथ है मेरे कि अपना दुःख बाट सकूँ,
न कोई पास है मेरे कि ख़ुशी बता सकूँ।
करूँ अगर मई हज़ारों अच्छे काम,
तो किसी को फर्क तक जी पड़ता;
पर गलती एक हो जाए तो कोई साथ नहीं देता।
बताऊँ कैसे इस दुनिया को मैं अपना नाम;
क्या है मेरा अस्तित्व, मुझे खुद पता नहीं;
क्या है मेरी पहचान, मुझे खुद पता नहीं।
सब कुछ करना अच्छा लगता है ;
सब कुछ बनने की ख़्वाहिश होती भी होती है।
पर हो जाती हूँ उदास, जब दीखता है कि अंधेरा है आस पास।
कहाँ जाऊँ, क्या करूँ, कुछ समझ नहीं आता है;
हर चीज़ में बुराई दिखती है लोगों को,
पर किसी को मेरी तकलीफ़ नज़र नहीं आती है।
थक जाती हूँ दुनिया की इस अजीब रीत से,
बे वजह बदनामी बर्दाश्त नहीं होती है।
मेरी भी है ख़्वाहिश कि कोई मेरे पास आए,
मेरी भी है ख़्वाहिश कि कोई मेरे दुःख में मेरा साथ निभाये।

युसरा फातमा (रूशी)

मेरी भी है ख़्वाहिश कि कोई मेरे सुख में ख़ुशी निभाये,
इंसान हैं अगर हम तो इंसानियत दिखाये,
इंसान हैं अगर हम तो दूसरों के काम आये।
सारी दुनिया अगर ये बात समझ जाएगी,
तो सबको अपनी पहचान मिल जाये गी।

8. अब न सहूँगी

बहुत सहा है ज़ुल्म मैंने,
सज़ा, धोका, और नाराज़गी भी।
बिना वजह सज़ा भी मिली,
नाराज़गी की वजह भी मिली,
फिर भी चुप रही मैं तब तक;
बात न आई स्वाभिमान पर जब तक।
छलके आँसु आँख से हर दम;
चेहरे पर मुस्कान खुद लाई।
पर अब ये अहसास हुआ है,
सहने की अब न वजह है।
सोचा है जवाब दूँगी अब दुनिया को।
ज़ुल्म से लड़ुँगी,
ज़ुल्म के खिलाफ़ लड़ुँगी।
रोऊँ गी नहीं मैं तब तक,
गलती न हो मेरी जब तक।
सबने रुलाया है मुझको,
पर हँसाऊँगी मैं उनको।
अब उनको भी अहसास होगा;
आँसुओं की बौछार भी होगी।
जिसको जो करना है कर ले,
मेरा ईरादा अब नहीं बदले गा।
अब मैं लड़ुँगी,अब मैं बनूँ गी,

युसरा फातमा (रूशी)

आसुओं की ज़िन्दगी में जगह न होगी,
सब के दिल पर छाऊँ गी,
सब के मन को भाऊँ गी।

9. तुझे तेरा हाल ख़ुद बताना पड़ेगा

यूँ तारों से शम्मा खुद जलाना पड़ेगा,
तुझे तेरा हाल ख़ुद बताना पड़ेगा।
न पूछे गी दुनिया कभी तेरा हाल,
तू चाहे अगर तो ख़ुद तुझे बताना पड़ेगा।
यूँ तारों से शम्मा खुद जलाना पड़ेगा,
तुझे तेरा हाल ख़ुद बताना पड़ेगा।
तुम जिते अगर तो ज़िन्दगी जीने का,
तुम्हें नया एक मौका मिले गए।
यूँ तारों से शम्मा खुद जलाना पड़ेगा,
तुझे तेरा हाल ख़ुद बताना पड़ेगा।
है जननी अगर रौशनी की सच्चाई,
तो अँधेरे में खुद तुम्हें जाना पड़ेगा।
यूँ तारों से शम्मा खुद जलाना पड़ेगा,
तुझे तेरा हाल ख़ुद बताना पड़ेगा।
हो चाहते अगर तारों सा टिमटिमाना,
तो कामयाबी का आसमान ख़ुद बुनना पड़ेगा।
यूँ तारों से शम्मा खुद जलाना पड़ेगा,
तुझे तेरा हाल ख़ुद बताना पड़ेगा।

10. माँ

माँ की दुआओं में असर ख़ुदा देता है,
माँ की बद दुआओं को भी दुआओं में बदल देता है।
माँ वो चीज़ है जिसका अपनी औलाद से,

सारी दुनिया से नौ महीने ज़यादा का रिश्ता ख़ुदा देता है।

11. मुझसे हो गई ख़ता

पापा मैं जानती हूँ आप मुझे चाहते बहुत हैं,
मेरे लिए आपके दिल में प्यार बहुत है;
आपके लबों पर मेरे लिए दुआ है,
है आपके आँखों में मेरी ख़ुशी देखने की चाहत;
और आपके होठों पर मेरे लिए मुस्कराहट।
मैं ही गुनहगार थी जो आपको पहचान न सकी,
आपके आँखों के ऑंसूं को देख न सकी।
आपके दिल के दर्द को महसूस न कर सकी ,
ना ही आपके सिसकियों की महसूस कर सकी।
आपने हमेशा मेरी खुशियों का ख़्याल रखा;
और मैं आपको रुलाती रही।
आपने मेरे लिए सर्दियों की ठंड सही,
आपने मेरे लिए सूरज की तपिश सही,
और मैं आपको समझ न सकी।
पापा मैं जानती हूँ आप मुझे चाहते बहुत हैं,
मेरे लिए आपके दिल में प्यार बहुत है;
पापा मुझसे हो गई ख़ता, मुझे माफ़ कर दीजिये ना।
आपकी परेशानी देख कर एक पल को आँसू आये मगर ;
अपनी खुशियों में आपको भुल गई।
आपने अपनी ज़िन्दगी, अपना चैन,
अपना सकुन, अपनी ख़ुशी तक मेरे नाम कर दी।
पर मैं ही थी जो आपको समझ न सकी।

युसरा फातमा (रूशी)

मेरी ख़ुशियों का आपने हर दम ख़्याल रखा,
मैंने तो कभी पूछी भी नहीं आपकी आरज़ू ;
पर मुझे क्या चाहिए ये मुझसे पहले आपने जान लिया।
भूल गइ थी एक पलकों में आपके सारे त्याग;
वो मेरी ख़ुशी में ख़ुश होना ,
वो मुझे रोता देख कर ख़ुद भी रो देना।
पापा मैं जानती हूँ आप मुझे चाहते बहुत हैं,
मेरे लिए आपके दिल में प्यार बहुत है;
पापा मुझसे हो गई ख़ता, मुझे माफ़ कर दीजिये ना।

12. अनोखा तरीका

माफ़ कर दो सब को जिन्होंने तुम्हें धोखा दिया है,
माफ़ी माँग लो ख़ताओं का ये अच्छा मौका मिला है।
बनालो अपनी शान सबको माफ़ कर के;
बन जाओ महान दिलों पर राज कर के।
तुम्हारे इस छोटे से काम से सारी दुनिया खुश हो जाये गी,
और खुदा भी होकर ख़ुश तुम्हे माफ़ कर देगा।
पता नहीं किसकी दुआ कब लग जाये गी,
पता नहीं ज़िंदगी तुम्हारी कब बदल जाएगी।
कम से कम किसी की ख़ुशी की वजह बन जाओ गे,
और अपनी नज़रों में भी उठ जाओ गे।
सबको ख़ुश कर के खुद भी ख़ुश रहने का,
यही एक अनोखा तरीका है मिला।
अपना लो इसे, इसी में सबका भला है।

13. वो आसमान ही रह गया।

जहाँ से सूरज की किरण ज़मीन पर आती है ,
जहाँ से चाँद मुस्कुराता है,
जहाँ तारों की शाम सजती है,
और जहाँ ख़्वाहिशों के सपने बुने जाते हैं;
वो आसमान बन गया।
जिसकी ऊचाई किसी ने न नापी,
जिसकी लम्बाई किसी ने न जानी ,
जिसकी पहुँच का किसी को अंदाज़ा तक नहीं,
और जिसकी बुलंदी की सब दाद देते हैं;
वो आसमान बन गया।
जिसने बादल की गरज को सहा,
जिसने बिजली की कर्क को सहा,
सूरज की तपिश को भी जो सह गया,
जो चाँद की मुस्कराहट का गवाह बन गया;
वो आसमान था और आसमान ही रह गया।
दिन हो या रात हो जिसका साया हम पर है ,
हमारी सारी गलतियों को नज़रअंदाज़ कर के जिसने अपना
अहसास दिया ;
वो आसमान था और आसमान ही रह गया।
जबसे बानी ये दुनिया वो काम यही करता रह गया,

हमारी कई पीढ़ियाँ ख़त्म हो गईं ,
पर वो अब तक रह गया ;
वो आसमान था और आसमान ही रह गया।
हो ना अगर ये तो दुनिया पूरी नहीं है ;
इसके बिना चाँद, सूरज, और सितारों की कहानी अधूरी है।
सब कुछ ख़त्म हो गया;
पर वो आसमान था और आसमान ही रह गया।

14. कामयाबी का रास्ता

सब चाहते हैं तारों सा टिमटिमाना,
सब चाहते हैं चाँद सा मुस्कराना,
पर मैं चाहती हूँ वो आफ़ताब बनना;
जिस के दम से तारे हैं टिमटिमाते और चाँद है मुस्कराता।
रहता है चौदवीं के चाँद को भी डर अंधेरी रात का,
हर घरी हर वक्त रहता है डर आफ़ताब का।
देखे अगर ज़माना घुर कर मुझे,
तो आँखे झुक जाये की ललकारा था इसे।
क्युँकि जब आफ़ताब मुस्कुराता है,
तो रेगिस्तान के ज़र्रे -ज़र्रे चमक उठते हैं।
एक सीधा रास्ता जो मुझे आफ़ताब बनाये गा,
वो इल्म के दरिया कर जाये गा।
पाना होगा उस दरिया से मुझे इल्म की रौशनी,
जो मुझे और चमका गी ये।
होंगे मुश्किल रास्ते, नज़दीक नहीं मंज़िल;
पर चाहिये जो कामयाबी तो जाना होगा परे।
बनुँगी तभी वो आफ़ताब जिसकी है ख्वाहिश मुझे,
बुज़ुर्गों की दुआओं का सहारा अगर मिला मुझे।
दुआ है खुदा से की ऐ मेरे रब,
ज़िन्दगी दी जो तूने मुझे इतनी खुबसूरत;
मुझे इल्म की ताज पहना।

15. अब तो सिखो ग़लतियों से

यूँ ग़लती अगर न हो तो सिखो गे कैसे,
ज़माने से लड़कर जितो गे कैसे।
सदा एक काम में उलझे रहे तो;
नया काम करना सीखो गे कैसे।
अगर बंद रहे दिवारों में घर के;
तो सहमें रहो गे,और सहते रहो गे।
यूँ डरकर जो बैठे तो बैठे रहो गे,
और बिना उठे जीतो गे कैसे।
अगर चुप रहे तो चुप ही रो गे,
ख़ामोशी के दाल - दल में धसते रहो गे।
कहीं खो न जाओ इस तूफ़ाँ में सितम के;
कहीं डूब न जाए ये कश्ती तुम्हारी।
अरे, कब तक सहो गे दूसरों की हुकूमत;
अरे, कब तक जियो गे ज़िंदगी ज़ुल्म की।
क्या तुम्हारा अपना कोई ख़्वाब नहीं ?
या चाहत की मंज़िल बनाई नहीं।
अरे , कब सुनो गे तुम अपने मन की;
अरे , कब करो गे तुम अपने मन की।
ग़लतियाँ तो इंसान की पहचान होती हैं;
ग़लतियाँ तो सुधरने का अहसास हैं।

युसरा फातमा (रूशी)

अब सीखना तुमको है ग़लतियों से;
अब जित ना तुमको है ग़लतियों से।

16. कुछ लोग

कुछ लोग बड़ी आसानी से कुछ कह भी जाते हैं,
मगर जब वक़्त आ जाए तो खुद रो भी देते हैं।
अगर ऐसा नहीं होता ज़माने में,
तो न मंज़िल दूर होती, और न क़यामत।

17. कौन अपना है कौन पराया

क्या इस दुनिया को मेरा दर्द, मेरी तकलीफ़ महूस नहीं होती ?
क्या इन्हें मेरी अज़ीयत की पहचान नहीं होती ?
इन्हें आसूँ मेरे दिखाई नहीं देते हैं क्या ?
या सब देखने के बाद भी सब अनजान बने फिरते हैं
क्या उम्मीद करूँ इस दुनिया से अपनेपन का;
जब हाँथ की लकीरों ने भी कह दिया कि हम तुम्हारे नहीं।
कैसे भरोसा करूँ इस दुनिया पर मैं;
जब अपनों से भरोसा उठ गया मेरा।
बन गई हूँ आज मैं वो बिखरी हुई मोती;
जिसे कितनी कोशिश कर लो पर समेट नहीं सकते।
सोचती हूँ कि आ गई हूँ ज़िन्दगी के किस मोर पर,
जहाँ अपने होने का दावा तो सभी करते हैं;
और खंजर भी खुद मरते हैं।
आज अपनों की शक्ल में बैठे है दुश्मन सारे के सारे ,
कौन अपना है कौन है पराया;
शायद यही हैं रब के इशारे

18. दुनियाँ

तेरी खुशियाँ इनसे देखी न जाये गी,
पर तेरे तकलीफ़ में ये तेरा मज़ाक ज़रूर उड़ाएँ गे।

इस दुनिया का तो काम ही है दूसरों पर हँसना,
पर कह दो अगर किसी की तारीफ़ करने ;
तो अच्छाईयाँ इन्हें नज़र ही न आए गी।

दूसरों पर कीचड़ उछालना मान समझते हैं,
और दामन खुद के मैले हो जाए तो बात बदल देते हैं।

दूसरों पर बुराई का तिनका भी दिख जाए तो पहाड़ बना देते हैं ,
और खुद कीचड़ में बैठ कर भी महान समझते हैं।

तो क्यों सुने हम इस दुनियाँ का,
जिसकी खुद का कोई काम नहीं है।

तो क्यों सुने हम इस दुनियाँ का,
जिसका खुद का कोई पहचान नहीं है।

गैरों के नाम पर जीते हैं ये,
और खुद को बहुत महान समझते हैं ये।

19. यही उम्र है संभल जाओ

अभी हम बच्चे हैं,
मन के कच्चे हैं।
उम्र के उस पड़ाव पर हैं;
जहाँ लगता है एक हम ही सच्चे हैं।
खुद के काम को सही मानते हैं,
गैरों की ख़ामियाँ निकलते हैं।
खुद को सही साबित करने के लिये ;
अपनों से ही लड़ पड़ते हैं।
पर एकबात मैं तुम्हें बताऊँ,
ये उम्र नहीं इन सब कामों का,
ये उम्र है पढ़ने का;
अपने ख़्वाबों को पूरा करने का।
ये उम्र है कुछ बनने का;
अपनी पहचान बनाने का।
कहीं अपने आज पर कल तुम्हें पछतावा न हो,
कहीं अपने काम पर कल तुम्हें पछतावा न हो।
कहीं आगे जाकर तुम्हें रोना न पड़े,
कहीं आगे जाकर तुम्हें खुद को खोना न पड़े।
रोओ गे तब तो चुप पराए गा न कोई,
तुम्हारा हाल पूछने आये गा न कोई।

जज़्बा

यही उम्र है संभल जाओ,
यही उम्र है अपनी पहचान बनाओ।

20. ख़्वाबों का महल

सोचा है महल एक ऐसा मैं बनाऊँगी,
उमंग की खिड़कियाँ होंगी जिसमें;
चाहत के दरवाज़े होंगे,
हवाएं चलेंगी मुस्कराहट की;
छत होगा कामयाबी का,
होंगे कमरे सपनों के,
बगीचा सच्चाई का।
रौशनी होगी ज्ञान की,
खुशबू होगा प्यार का।
बनेगा जब मेरा महल,
तो सबको मैं बुलाऊंगी।
जिसके पास उदासी है,
खुशियाँ उन्हें दे जॉन गी।
सोचा है एक महल ऐसा मैं बनूँगी।
उदासियों की जिसमें जगह न होगी,
आसुंओं की जिसमे न ज़रुरत।
होंगी खुशियाँ ही खुशियाँ जिसके अंदर,
जिसके अंदर आकर दुनियाँ अपना ग़म भूल जाएगी।
सोचा है एक महल ऐसा मैं बनूँगी।
उसमें जाड़ूँगी मैं खुशियों की मोती,
अपने हो या पराये सब आएँगे वहाँ।
सबने देखा है सिर्फ सपना ऐसे महल का,

पर इस सपने को सच अब मैं कर दिखाऊँगी।
सोचा है एक महल ऐसा मैं बनूँगी।

21. बेटियाँ

ओस के बूंद सी होती हैं बेटियाँ,
ज़रा सा दर्द हो तो चिहुक उठती हैं बेटियाँ।
खाद, पानी डाले जाते हैं बेटों पर,
लेकिन उपज जाती हैं बेटियाँ।
माता - पिता के रिश्तों को भुल जाते हैं बेटे,
लेकिन रिश्तों को निभाती हैं बेटियाँ।
कौवे जैसे कांव - कांव करते हैं बेटे,
लेकिन कोयल से कु - कु करती हैं बेटियाँ।
एक कुल को रौशन करता है बेटा,
लेकिन दो - दो कुल को रौशन करती हैं बेटियाँ।
परिक्षाओं में 70 से 80 प्रतिशत अंक लाते हैं बेटे,
लेकिन 80 से 90 प्रतिशत अंक लाकर दिखाती हैं बेटियाँ।
डॉक्टर, इन्जीनियर, पायलट, और डी.एम बनते हैं बेटे,
लेकिन इनकी बराबरी अब कर रहीं हैं बेटियाँ।
आज़ाद, तात्या, खुदी राम जैसे क्रन्तिकारी बन सकते हैं बेटे,
तो लक्ष्मी बाई, बेग़म हज़रत, झलकारी जैसी क्रन्तिकारी हैं बेटियाँ।
दिनकर, प्रेमचन्द्र, ग़ालिब, जय शंकर जैसे लेखक बन सकते हैं बेटे,
तो सरोजनी, महोदवी, सुभद्रा जैसी लेखिका हैं बेटियाँ।

धोनी, कोहली, मनप्रीत, प्रदीप जैसे खिलाड़ी बन सकते हैं बेटे,
तो उषा, मितली, पूजा जैसी खिलाड़ी हैं बेटियाँ।
राम, कृष्ण, मुहम्मद जैसे हो सकते हैं बेटे,तो
तो सीता, राधा,फ़ातमा, ज़ैनब जैसी हैं बेटियाँ।
तो बताओ किस छेत्र में बेटों से कम हैं बेटियाँ;
तो बताओ किस छेत्र में बेटों से कम हैं बेटियाँ।
लेकिन अफ़सोस -
बेटों के जन्म पर बजती हैं तालियाँ,
और गर्भ में ही मार दी जाती हैं बेटियाँ।

22. फूल से रिश्ते

रिश्ते जो फूल से हैं,
पर उनके काँटे अब चुभ रहे हैं।
सींच तक नहीं पा रही हूँ उनको,
डर लग रहा कहीं ये फूल मुरझा न जाए,
डर लग रहा कहीं इनकी खुशबु ख़त्म न हो जाए।
कहीं इनको खोना न पड़े,
कहीं ये बर्बाद न हो जाए।
बनना कोई नहीं चाहता माली इस फूल का,
पर बनूँ क्यों भागी मै इस भूल का।
आख़िर किसी को तो करनी होगी शुरवात,
आख़िर किसी को तो करना त्याग।
तो क्यों न करूँ एक पल को मैं ही आग़ाज़,
शायद यही हो खुशियों का सौगात।

23. कल

क्यों सोचूँ उस कल के बारे में,
जिसका हुआ ही नहीं अब तक आगाज़।
क्यों करूँ कल के लिए आज को बर्बाद,
जब मेरे हाँथ में ही है मेरे कल की चाभी, मेरा आज;
तो क्यों करूँ अपना समय बर्बाद।
कल क्या होगा कोई न जाने।
फिर भी चिंता में सब सुख हारे।
बचा न जब कुछ जीवन में चिंता के अलावे,
तो कैसी उम्मीद हो पाले,`
भुल कर अपने सारे दुःखों को,
बस अपने आज को जीना है,
कल खुद बदले गा ये मेरा कहना है।

24. माँ - बाप का रिश्ता है सबसे परे

झाँको अगर उनकी आँखों में,
तो दिखे गा तुमको सिर्फ़ प्यार।
तेरी जीत पर वो मुस्कुराते हुए,
उनके आँखों में तेरे ख़्वाब झलकते हुए।
देखो अगर दिल की आँखों से तो,
माँ - बाप का रिश्ता है सबसे परे।
वो हैं वही जिन्होंने ज़िन्दगी दी है।
देखो अगर दिल से तो माँ - बाप से न अच्छा कोई है
वही हैं जिन्होंने हमें हंसना सिखाया,
वही हैं जिन्होंने हमें गलतियों के साथ अपनाया।
लेकर हमारे सारे आँसूं,
उनहोंने हमें खुशियाँ थमाया।
अपनी ज़रूरतों को भूल कर भी,
हमारी खुशियों को खुद में समाया।
उनकी चाहत का कोई मिसाल नहीं है,
देखें अगर दिल के आँखों से तो,
माँ - बाप का रिश्ता सबसे परे है।

25. पेड़ हैं तो हम हैं

पेड़ ही हैं हमारे सच्चे मित्र,
तुम कब इनका साथ निभाओ गे।
पेड़ नहीं होगा तो तुम पल भर में मर जाओ गे,
पेड़ नहीं होगा तो तुम पल भर में मर जाओगे।
पेड़ ही जीवन का आहार है,
पेड़ ही खुशियों का उपहार है।
पेड़ ही देते आयुर्वेदिक दवाएं,
पेड़ ही देते फल और साफ़ हवाएं।
ये नहीं रहे तो तुम भी नहीं रह पाओ गे,
पेड़ ही हैं हमारे सच्चे मित्र,
तुम कब इनका साथ निभाओ गे।
यही हैं जो तुम्हे देते हैं लकड़ियाँ,
ये न रहे तो फ़र्नीचर कहाँ से बनाओ गे।
पेड़ ही हैं हमारे सच्चे मित्र,
तुम कब इनका साथ निभाओ गे।
पेड़ हैं तो संसार का आहार है,
पेड़ ही मानव जीवन का आधार है।
पेड़ है तो दुनिया बे गम है,
पेड़ हैं तो हम हैं।
पेड़ ही हैं हमारे सच्चे मित्र,
तुम कब इनका साथ निभाओ गे।

26. खुशियाँ

खुशियाँ हमारे आस पास हैं, ढूंढो गे तो मिल जाएँगी।
नहीं मिली तो कसूर किस्मत को क्यों देते हो?
एक बार ढूंढ कर तो देखो;
छोटी - छोटी चीज़ों में भी ये तुमको मिल जाएँगी।
इनको भी बहाना चाहिए तुम्हारे पास आने का,
पर तुम बुलाना न चाहो तो कैसे खुद कैसे आ जाएँ गी।
खुशियाँ हमारे आस पास हैं, ढूंढो गे तो मिल जाएँगी।
एक बार ढूंढ कर तो देखो, यहीं कहीं मिल जाएँगी,
और मिल गयी तो बड़े - बड़े गम को मिटा जाएँगी।
खुशियाँ हमारे आस पास हैं, ढूंढो गे तो मिल जाएँगी।
मिल जाने पर इनको फिर तुम वापस न जाने देना,
अगर चली गयी ये तो, फिर ग़म की बारी आये गी।
खुशियाँ हमारे आस पास हैं, ढूंढो गे तो मिल जाएँगी।

27. हार को हराओ

बचपन का ख़्वाब आज ज़िन्दगी की वजह बन गई,
इसके बिना ज़िन्दगी बेवजह बन गई।
दुनियाँ के बोलने से इसे कैसे छोड़ दूँ ,
अरे कहा तो ज़िन्दगी इसके बिना नामुमकिन लगने लगी।
मानती हूँ मुश्किलें और नाकामयाबी बहुत हैं,
पर ये मेरी जित से बड़ी नहीं।
कोशिश करुँगी मई तब तक,
जित न मिले गी जब तक।
पता है मुझे जित यहीं - कहीं है,
बस हार की दिवार खड़ी है।
पीछे से जित पुकार रही है ,
बस उस दीवार को ढाना है,
और जित को पाना है।
जानती हूँ थोड़ी तो परेशानियाँ साहनी होगी,
जानती हूँ थोड़ी तो उदासियाँ साहनी होगी,
पर चाहे अब कुछ भी हो मेरे कदम रुकेंगे नहीं,
होंगे नाकामयाब पर झुकें गे नहीं।
हारना होगा हार को मुझसे।,
और देना होगा जित का उपहार।
तब जाकर लूँगी चैन की साँस।
तुम भी नहीं बैठो तब तक,

युसरा फातमा (रूशी)

जित न मिले तुमको जब तक।
जब तक तुम्हे तुम्हारी पहचान न मिले,
खड़े रो तुम डट कर।
हारना होगा हार को तुमसे।
तब जा कर जिओगे ज़िन्दगी मज़े से।

www.ingramcontent.com/pod-product-compliance
Lightning Source LLC
LaVergne TN
LVHW041548060526
838200LV00037B/1203
* 9 7 8 1 6 4 6 5 0 1 4 8 9 *